만화로 보는 신천지 사기 포교법

만화로 보는 신천지 사기 포교법

발 행 일 2014년 12월 19일 초판 발행
　　　　　2015년 1월 20일 개정판 1쇄
　　　　　2016년 6월 30일 개정판 2쇄
　　　　　2018년 12월 20일 개정판 3쇄
기획·그림 한국기독교이단상담소협회 광주상담소(소장 강신유·임웅기 0505-300-0691)
　　　　　예다원(예수님의 사랑으로 다시 구원받은 청년들)
교 정 이슬아
디 자 인 designsen(ssensen@naver.com)
총 판 하늘유통(031-947-7777)
발 행 인 정윤석(unique44@naver.com, 카카오톡 아이디: kportalnews)
발 행 처 기독교포털뉴스(www.kportalnews.co.kr)
주 소 경기도 수원시 팔달구 권광로 197, 6층 663호(인계동) (우)16489
전 화 010-4879-8651
가 격 6,000원

이 도서의 국립중앙도서관 출판시도서목록(CIP)은 서지정보유통지원시스템 홈페이지(http://seoji.nl.go.kr)와
국가자료공동목록시스템(http://www.nl.go.kr/kolisnet)에서 이용하실 수 있습니다.
(CIP제어번호: CIP2014035609)

ISBN 979-11-950046-3-8
〈이 책 내용의 전부 또는 일부를 재사용하려면 반드시 저작권자의 동의를 받아야 합니다〉
〈낙장과 파본은 교환하여 드립니다〉

만화로 보는
신천지 사기 포교법

글·그림 한국기독교이단상담소협회 광주상담소 · 예다원

추천의 글 (가나다 순)

• 〈신천지 사기 포교법〉의 장점은 누구나 빠른 시간내에 신천지 포교법의 실체를 파악할 수 있다는 데 있습니다. 지금까지 나온 신천지 관련 서적은 교리적 비판에 집중돼 있었습니다. 그러나 이 책자는 신천지 탈퇴자들의 진술을 토대로 신천지 포교법을 만화로 구성했다는 특징을 갖고 있습니다. 성도들이 신천지 포교법의 실체를 파악하고 더 이상 미혹되지 않기를 소망합니다.
고명진 목사(수원중앙침례교회)

• 그리스도인은 누구나 성경적인 믿음을 다음 세대에게 성실하게 물려줘야 할 책임이 있습니다. 성경적인 믿음의 전수는 '말'이 아니라 학교와 교회와 가정에서 선생님, 목사님, 부모님의 '삶'을 통해서 전수된다고 저는 믿습니다. 그런데 성경적인 믿음의 전수에 가장 방해가 되는 것들이 있습니다. 세속적 가치관, 이단 사상입니다. 이단을 예방하는 교육에 관심을 갖고 있던 차에 청소년들의 눈높이에 적합한 신천지 미혹 예방을 위한 책자가 만들어졌다는 점에서 무척이나 반갑습니다. 만화로 된 〈신천지 사기 포교법〉이 하나님의 나라를 세워가고 이단 사상·세력을 막는 데 귀하게 쓰이길 기대합니다.
김요셉 목사(중앙기독초등학교 교목)

• 예방이 무엇보다 중요한 이단 문제! 본서를 통해 신천지 사기 포교의 다양한 전략들을 누구든지 이해하기 쉬운 만화로 접할 수 있게 되어 감사합니다. 특별히 한국교회의 미래를 책임질 다음 세대들을 이단 사설로부터 막아내는 든든한 방패막이 될 것을 확신합니다.
김유수 목사(월광교회)

• 이 땅의 많은 청소년·대학생들이 신천지의 미혹에 쉽게 노출되어 있습니다. 또 너무나도 다양한 방법으로 접근해 오는 신천지의 방법에 일일이 대응하는 것도 목회자의 한 사람으로 쉽지 않습니다. 그런데 이단상담소를 통해서 귀한 책, 그것도 보기 쉬운 만화로 신천지의 실체를 알려 주심에 너무나도 큰 감사를 드립니다. 목회에 큰 도움이 될 것을 확신합니다.

김재영 목사(성안교회)

• 친구 목사들과 만나면 가장 심심찮게 거론되는 대화의 주제가 '이단 신천지'입니다. 충성된 성도가 신천지에 빠져서 교회에 분란을 일으키고 떠나간 얘기, 교회 하나가 통째로 신천지에 넘어갔다는 얘기까지 등장합니다. 이런 현실에서 만화 〈신천지 사기 포교법〉이 성도들에게 널리 읽혀졌으면 좋겠습니다. 그래서 성도들이 신천지 미혹의 실체를 잘 파악하고 십자가의 은혜 안에 거하는 게 얼마나 소중한지 다시 한번 깨닫고 감사하는 신앙생활을 하셨으면 좋겠습니다.

김정국 목사(임마누엘교회)

• 예방 접종을 받아야 우리 몸은 바이러스에 대해 면역을 갖게 됩니다. 교회를 가장 힘들게 하고 가정을 파괴하는 신천지를 방어하기 위하여 만화로 보는 〈신천지 사기 포교법〉을 추천합니다. 신앙의 면역력을 증강시켜 줄 확실한 신천지 예방서적이라 확신합니다. 지금 성도 여러분들에게 과도하게 친절을 베풀며 접근하는 사람, 그 사람이 신천지일 수도 있습니다.

김철원 목사(기독교대한성결교회 이단사이비대책위원장)

• 신천지의 활동이 점점 심각한 사회문제가 되고 교회적으로는 그들의 교묘한 활동으로 문제가 되고 있습니다. 이런 상황속에서 〈신천지 사기 포교법〉은 너무나 시의적절합니다. 이 책은 한국교회와 성도들이 쉽게 이해할 수 있는 대중성이 있어서 진리의 길잡이 역할을 넉넉히 감당하리라 생각합니다. 외롭게 이단과의 싸움에 수고하는 기독교포털뉴스 정윤석 기자에게 고마운 마음을 전하며 추천합니다

김학중 목사(꿈의교회)

• 신천지 이단을 고발하는 만화가 많이 읽혀져 신천지 교회가 발을 붙이지 못하기를 바랍니다.

노영상 총장(호남신학대학교)

• 사탄은 '거짓의 아비'입니다. 그러기에 저들은 모든 것이 '속임'과 '거짓' 뿐입니다. 양의 옷을 입고 접근하는 '이리떼들'을 분별하는 좋은 자료 참으로 감사합니다. 많은 이들에게 크게 도움이 되고, 승리케 할 줄 믿습니다.
맹연환 목사(광주광역시기독교교단협의회 회장)

• 진품이 있기에 짝퉁이 생겨납니다. 그러나 아무리 정교하게 카피해도 짝퉁은 결코 진품의 가치를 가질 수 없습니다. 진리가 있기에 사탄은 비진리를 진리처럼 위장합니다. 〈신천지 사기 포교법〉책자를 통해서 신천지의 숨겨진 비진리의 정체를 밝힘으로 진리 안에 있는 그리스도인들에게 참과 거짓을 분별할 수 있는 참된 안목을 갖게 하는 진리의 횃불이 되어주기를 소망합니다. 이 땅에 마귀가 들끓어 우리를 삼키려 하지만 진리는 살아서 하나님의 나라는 영원하리라 믿습니다.
박기용 목사(성산교회)

• 병법에 적을 알고 나를 알아야 승리하게 된다고 합니다. 교묘하게 위장해서 천하보다 귀한 영혼을 실족케 하는 사악한 신천지의 실체를 만화로 폭로해서 영혼을 지키고자 하는 노고에 깊이 감사드립니다. 신천지의 실체를 낱낱이 알려서 영혼을 지키고 또한 신천지에 빠져 있는 많은 사람들을 옳은 데로 돌아 오게 하는 별과 같이 빛난 사역이 되시기를 바랍니다.
박영욱 목사(양산안디옥교회)

• 신천지의 가장 큰 패악은 교회의 다음 세대인 청년들에게 접근해, 신앙의 건강을 무너뜨릴 뿐더러, 영적 죽음과 미래의 꿈까지 망쳐버린다는 점입니다. 만화로 보는 〈신천지사기포교법〉을 통해 젊은 청년들이 신천지의 거짓 교리와 미혹을 깨닫고, 말씀안에서 진리를 분별할 수 있는 지혜를 얻기를 바랍니다.
박진구 목사(전주안디옥교회)

• 이 책은 신천지의 속임수 전략을 일목요연하게 밝혀 신도들을 보호하는 하나의 '작품'입니다.
박흥석 목사(부산사상교회)

• 젊은이들뿐만 아니라 모든 신앙인이 맞아야 할 신천지 예방백신
방만석 목사(광선교회)

• 열심있는 교인이 이단에 빠지는 것을 보는 것처럼 목회자에게 가슴 아픈일은 없을 것입니다. 그렇다고 그들이 신앙의 기초가 없는 것은 아닌데 왜 그럴까? 이 책은 저의 이런 의문에 대해서 속 시원하게 해답을 제시해 주었습니다. 신천지에서 교인을 대상으로 어떻게 포교하는 지에 대해서 잘 정리해 주었기 때문입니다. 상대를 알고 나를 알면 반드시 이긴다는 말처럼 사역의 현장에서 목회하시는 목회자뿐만 아니라 교인이 반드시 읽어야 할 필독서입니다.

방수현 목사(원천교회 대표목사)

• 누구나 이해하기 쉽고 재밌게 만들어져 있어서 갈수록 교묘하게 전략적으로 접근하는 신천지를 대비하기에 매우 탁월한 책입니다. 각 교회에 비치해서 청소년을 비롯한 청/장년 모두에게 읽게 해 주고 싶습니다

백주석 목사(포도원교회)

• 저희 교회 장년들과 어린이들은 이단들에 대한 글만 읽어도 혐오감이 느껴진다고 합니다. 임웅기 소장은 이러한 점들을 보완하기 위해 이번에 만화로 된 이단 알기 책을 펴냈습니다. 이 책을 본 어린이들까지도 흥미롭고 쉽게 읽게 되어 이단들의 교활한 방법들을 깨닫게 되었다고 말합니다. 이렇게 분별력이 생기게 되니 자연스럽게 예방이 될 것입니다

손석호 목사(신영교회)

• 신천지 아웃을 위한 교회와 성도들의 기도만이 이단세력들로부터 한국교회를 지켜낼 수 있습니다. 이단대책과 영적인 싸움을 위해 헌신하는 분들이 만든 이번 사업에 우리 모두 깊은 관심을 갖고 후원해야 할 것입니다.

손호상 본부장(광주 CBS)

• 다양한 방법으로 성도들을 미혹하여 그 세를 확장하고 있는 신천지의 포교 방법을 만화를 통해 바로 알리기 위한 좋은 책이 출간되었음에 감사합니다. 이 책을 통해 신천지 포교전략에 미혹되는 성도들이 없어지기를 소망합니다.

송재식 목사(서림교회)

• 본서는 매우 촘촘해 신천지를 걸러내는 가장 확실한 거름망이 될 것입니다. 각 교회 신천지예방 교육용으로 적극 추천합니다.

신현욱 목사(신천지대책전국연합 대표)

• 본 만화는 날로 교활해지는 신천지포교에 대한 경각심을 불러일으키며, 어떤 방법으로 접근하는지를 쉽고 재미있게 설명해 주고 있습니다. 신천지에 넘어가지 않도록 어린 아이로부터 어른에 이르기까지 모두에게 큰 도움이 될 것입니다.

오성택 목사(남전주성결교회)

• 사랑하는 사람에게 전할 수 있는 가장 귀한 선물은 생명의 복음일 것입니다. 반대로 사랑하는 사람으로부터 들을 수 있는 가장 가슴 아픈 소식은 '이단에 빠졌다'는 소식일 것입니다. 〈신천지 사기 포교법〉은 지금까지 한국교회에 존재했던 이단 중 가장 간교한 포교방법으로 성도를 미혹하는 신천지의 접근법을 모아 놓은 만화입니다.

이 책자가 사랑하는 사람들이 이단의 무서움을 알고 생명같은 복음을 놓치지 않고 주님 나라 가는 날까지 굳게 붙드는 데 사용되길 바랍니다. 전 연령대, 특히 청소년들에게도 이단예방교육을 할 수 있는 도구가 될 것이라는 점에서 이 책의 출판을 기쁘게 생각합니다.

오정호 목사(대전 새로남교회)

• 이리는 양을 절대로 사랑하지 않습니다. 이리가 양에게 가까이 오는 이유는 오직 해치기 위함입니다. 양은 다가오는 이리의 목적을 분별하고 스스로 지켜야 합니다. 사이비종교인 신천지의 실상을 드러내는 자료들을 통해서 우리 성도들이 더욱 진리 안에 온전히 설 수 있기를 바랍니다.

원팔연 목사(바울교회)

• 최근 국내·외적으로 혼란한 상황과 이단·사이비 집단들이 그 어느 때보다 활발한 활동을 펼치는 걸 보면서 정말 주님 다시 오실 날이 멀지 않았음을 느끼게 됩니다. 깨어 기도할 때입니다. 오직 예수그리스도의 십자가 보혈, '복음'만이 생명의 길임을 잊지 않았으면 합니다.

윤여훈 지사장(광주극동방송)

• 미혹의 영이 다양한 속임수로 성도들을 유혹하는 이 때에 이단 신천지의 사기 포교를 쉽게 분별하도록 돕는 이 만화책은 한국교회를 이단 신천지의 무차별 공격으로부터 지켜주는 강력한 무기가 될 것입니다.

이상민목사(대구서문교회)

• 각 교회가 이단에 대한 예방교육을 함에도 불구하고 이단들이 늘어만 가는 이유는 각 상황에 맞는 그들의 미혹방법이 다양하기 때문입니다. 이 전략을 모르고 미혹되는 성도들이 많은 것이 현실입니다. 〈신천지 사기포교법〉은 이들의 포교전략들이 잘 정리되어 있고, 만화로 되어 있어 남녀노소 누구나 쉽게 이해할 수 있어 그들의 포교를 무력화 시키는데 좋은 시도가 될 것입니다.

이상복 목사(동명교회)

• 날이 갈수록 신천지의 미혹이 심해지는 시대에 쉽고 간편한 만화로 그들의 포교전략과 미혹을 방지할 수 있는 좋은 작품이 나옴을 감사하며 추천합니다. 이 만화를 통해서 더 많은 사람들이 경각심을 갖고 신천지의 유혹에 슬기롭게 대처하여 참 믿음안에 거할 수 있기를 소망합니다.

이영세 목사(새로운교회)

• 광명한 천사의 얼굴로 접근하는 신천지로부터 성도들을 보호할 수 있는 좋은 자료라 생각합니다. 널리 많이 보급되어 참복음의 진수가 선포되기를 소망합니다.

이옥기 목사(시온교회)

• 명품일수록 짝퉁이 많습니다. 짝퉁이 많다는 것은 그만큼 명품이 값지다는 사실을 반증하는 것이죠. 기독교의 진리를 흉내내는 수많은 짝퉁들이 있습니다. 짝퉁을 샀다면 돈만 잃었다고 생각하면 되는데, 진리를 모방한 사이비 짝퉁교리는 인생을 완전히 망하게 합니다. 여기 사이비들이 접근하는 방법을 소개한 만화가 있습니다. 작지만 큰 도움이 될 것입니다.

이진호 목사(전주동현교회)

• 성경에 많은 죄가 등장하지만 이단에 빠지는 죄가 제일 무서운 죄입니다. 사람이 죄를 지으면 나름대로 양심의 가책을 받고 하나님 앞에 돌아와 회개를 하기도 하는데 이단에 미혹되면 얘기가 달라집니다. 이단에 빠지면 그것이 잘못된 것인지 깨닫지 못합니다. 진리의 길을 가고 있다고 착각합니다. 그래서 회개조차 하지 않게 됩니다. 이토록 무서운 죄를 짓지 않으려면 애초부터 이단을 경계하고 예방하는 게 꼭 필요합니다. 만화로 된 〈신천지 사기 포교법〉은 신천지의 미혹법이 실제적으로 잘 드러난 책입니다. 1984년 10여 명으로 시작해 2014년 현재 14만 명으로 폭발적 성장을 한 신천지에 성도들이 더 이상 빠지는 일이 없도록 이 책자를 읽고 다시 한번 경계하는 기회로 삼았으면 좋겠습니다.

진용식 목사(한국기독교이단상담소협회 대표회장)

• 신천지 사기 포교법이 출간되어 기쁩니다. 천하보다 귀한 영혼들을 이단으로부터 지키는 파숫꾼의 역할을 크게 감당할 것을 기대하며 임웅기 소장의 영혼을 사랑하고 보호하고자 애쓰는 노력에 격려를 보냅니다.

채영남 목사(본향교회, 예장통합 99회 부총회장, 광주성시화운동본부 대표회장)

• 1984년 10여 명 내외로 출발한 소규모 이단사이비 신천지라는 단체가 지금은 14만명에 육박한다고 합니다. 신흥 이단 단체가 30년만에 1만배 성장을 한 겁니다. 게다가 여기에 빠지는 사람들의 대다수가 교회에서 함께 신앙생활을 했던 형제·자매들입니다. 30년 넘게 이단대처 사역을 한 이단문제 전문가로서 저는 이 사실이 가장 속상합니다. 부디 올해는 만화 〈신천지 사기 포교법〉을 통해 신천지의 포교 전략이 낱낱이 드러나 신천지 세력에 속는 성도들이 생기지 않기를 바랍니다.

최삼경 목사(세계한인기독교이단대책연합회 대표회장, 빛과소금교회)

• 촛불 하나가 어두운 방을 밝히듯 〈신천지 사기 포교법〉이 신천지의 미혹에 휘둘리지 않도록 성도들에게 분별의 지혜를 더하리라 믿습니다. 하나님을 영화롭게 하고 사람을 존귀하게 하는 하나님 나라의 공동체가 이단의 미혹을 효과적으로 막아내도록 이 책자가 귀하게 쓰임 받을 것이라 확신합니다.

최승일 목사(상도교회)

• 임웅기 소장의 만화로 만든 〈신천지 사기포교법〉은 신천지와의 전쟁을 선포하고 전쟁 중인 부산 성시화에서 적극 활용해야 할 강력한 무기로 사용하겠습니다.

최홍준 목사(부산성시화운동본부장)

• 함께 찬양하고 함께 기도하던 믿음의 동역자들이 어느 순간 신천지에 빠져있음을 보게 됩니다. 참 가슴 아픈 현실입니다. 그렇게 된 이유 중의 하나가 신천지의 포교법을 제대로 알지 못하기 때문입니다. 이 책, 〈신천지 사기 포교법〉에는 그들이 성도들을 미혹하는 방법이 잘 설명되어 있습니다. 이 책을 통해 더 이상 신천지에 속는 성도들이 없기를 바라며, 이 책이 한국교회를 굳건하게 세우는 일에 아름답게 쓰임 받게 되기를 기도합니다.

황형택 목사(새물결새은혜선교회)

여는 글

　신천지가 이단세미나를 연다. 이단이 웬, 이단 세미나? 신천지에 빠져 고통당하는 엄마를 미혹하기 위해 마련하는 자리다. 신천지인이 취직도 시켜준다. 신천지 교인의 회사에 '백수'로 지내는 정통교회 교인들을 취업시켜 준다. 겉으로 보기에 주일 성수, 음주·흡연 전무한 회사인 듯 보인다. 그러나 사장은 신천지 교인. 아침마다 업무 전 큐티를 시작한다. 겉으로만 봐서는 흠잡을 데 없는 기독교회사다. 그런데 큐티 내용에 신천지 말씀을 살짝살짝 섞어 놓는다.

　군대 간 형제를 교회 누나가 지극 정성으로 챙겨줬다. 군생활이 힘들 때마다 교회 누나가 보내 준 편지는 큰 힘이 됐다. 때로 면회까지 와서 3단 도시락을 선물했고 생일이면 잊지 않고 선물을 보내줬다. 제대했다. 누나가 축하한다며 믿음을 갖고 말씀을 보며 신앙의 확신을 키우고 사회생활을 해야 한다고 제안했다. 의심할 수도 거절할 수도 없었다. 소개받은 전도사와 성경공부를 하게 됐는데 그가 신천지측 전도사였다.

　1984년 10여명, 2007년 4만 5천명, 2014년 14만명, 2017년 17만명. 무슨 숫자일까? 한국교회가 10년 동안 가장 주의할 이단이라고 지목해온 신천지예수교증거장막성전(총회장 이만희 씨)의 성장세다. 한국기독교이단상담소협회(진용식 회장) 구리상담소(신현욱 목사)가 발간한 신천지 동향 보고서에 따르면 그들은 2017년 기준, 17만여명을 넘어섰다.

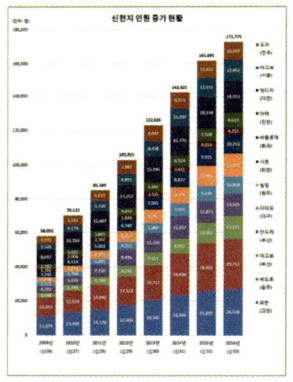

　한국교회가 이단대처를 해왔음에도 끊임없이 신천지가 성장하는 이유는 그들의 속임수 포교가 현장에서 여전히, 아직도, 통하고 있다는 증거다. 모든 영역에서 그들은 신천지로 미혹하기 위한 전략전술을 적재적소에 맞게 활용하고 있다. 이 전략을 모르고 당하는 성도들이 너무도 많은 게 현실이다. 더 이상 신천지에 미혹되는 성도들이 없었으면 하는 마음으로 한국기독교이단상담소협회(대표회장 진용식 목사) 광주기독교이단상담소와 소속 청년들이 힘을 합해 신천지 신도들의 사기 포교 방법을 총 망라해서 만화로 그렸다. 이 만화를 보고 더 이상 신천지에 미혹돼 피눈물 흘리는 일이 없었으면 좋겠다.

한국기독교이단상담소협회 광주 상담소장 강신유 목사

인사말

　신천지에서 회심한 청년들과 신천지측 포교 활동이 어떤가에 대해 대화를 나눴다. 사기성 짙은 포교활동으로 가정과 교회 그리고 사회에 많은 피해를 주었다는 것이 그들의 솔직한 고백이었다. 그들과 대화한 후 조금이나마 사죄하는 의미로써 신천지 접근법과 포교전략을 담은 만화를 만들기로 약속했다.

　만들어지는 과정은 순조롭지 않았다. 책 한번 만들어 본 적도 없고 만화 그리기와 편집 기술이 전혀 없는 비전문가들이 모였기 때문이다. 먼저 모임의 성격을 담은 이름을 '예다원'으로 결정했다. 예다원은 '예수님의 사랑으로 다시 구원받은 청년'의 약칭이다. 매주 수요일과 토요일에 모여 신천지 포교 사례들을 모은 후 사건을 8컷으로 통일시켜 재구성했다. 그리고 밑그림을 손으로 직접 그린 후 만화 작업을 하는 전문가에게 용역을 맡겼다. 1차 초벌된 만화를 출판해 줄 수 있는 곳을 찾은 결과, 기독교포털뉴스 정윤석 대표를 통해 세상에 빛을 보게 됐다.

　만화는 신천지의 접근과정과 포교형태에 대해 알려주고 있다. 보통 신천지의 포교과정은 3단계로 이루어져 있다. 1단계 – 접근 및 만남, 2단계 – 친분관계 형성, 3단계 – 교사소개 및 성경공부. 본 만화는 3단계의 과정을 통해 진행되는 신천지의 접근 형태와 친분관계 형성 과정에서 나타나는 신천지 신도들의 행태를 폭로하고 있다.

　이 만화가 빛을 보도록 각고의 수고를 한 예다원의 사라, 항성, 승호, 한나, 하은, 미영, 유빈, 상민, 재연, 우정, 준록, 영진, 예지, 건희, 민철, 세영, 설현, 범주, 민우, 명숙, 재혁, 하나, 진희, 형진, 고은, 유리, 혜림, 지은, 지혜, 빛나와 만화 색칠과 피드백을 해 준 전주신천지피해자 모임(대표 박정철 간사)에게도 깊은 감사를 드린다.

한국기독교이단상담소협회 광주 상담소장 임웅기 전도사 드림

Contents

추천의 글 • 8
여는 글 과 인사말 • 16

신천지의 '사기' 포교 개요 • 19

신천지 사기 포교법 캠퍼스 · 동호회 이용한 포교 • 27
TIP 1 신천지는 어떤 단체인가? • 45
TIP 2 신천지 급성장의 이유는 무엇인가? • 46

신천지 사기 포교법 길거리 · 사업체 위장 접근 • 49
TIP 3 이런 내용 배웠다면 신천지 • 61
TIP 4 이런 내용 배웠다면 신천지가 맞습니다! • 62

신천지 사기 포교법 추수꾼 · 위장교회 • 69
TIP 5 신천지 복음방, 신천지인 거짓말하는 이유 • 81
TIP 6 신천지 접근 및 복음방 체크리스트 • 82

신천지 사기 포교법 관계전도 · 자녀 양육 • 85
TIP 7 신천지인들은 어떤 특징이 있나? • 97
TIP 8 신천지인 발견 시 어떻게 대처를 하나? • 98

신천지 사기 포교법 관계도 • 99

신천지 사기 포교법 개요

1. 신천지는 어떻게 접근을 하나요?

1 접근 & 만남

- 위장교회
  제자훈련, 군사훈련, 부흥사경회, 품성학교, 문화강좌 등
- 위장세미나
  자기개발특강, 연애특강, 회복세미나, 찬양집회, 말씀집회, 아버지학교모방, 힐링콘서트 등
- 위장상담
  힐링상담, 진학상담, 신앙상담, 다문화가정 및 탈북자 상담, 유대인학습법, 자녀양육법, 음악치료, 미술치료 등
- 설문조사
  도형상담(△□○ S), 애니어그램, MBTI, DISC, 혈액형검사 등
- 문화센터 및 평생교육원
  POP, 종이공예, 오카리나, 비누만들기, 기타, 꽃꽂이, 요가 등
- 문화공연
  사진전, 성화전, 미술전, 연극, 수예품 작품전시 등
- 은사
  손금, 타로, 꿈, 환상, 기도원 등
- 재능기부
  구연동화, 재봉틀, 리본공예, 인형만들기, 퀼트 등
- 동호회
  승마, 축구, 야구, 농구, 등산, 약초, 무술, 사진, 탁구, 독서(지도, 논술)모임 등
- 건강
  수지침, 발마사지, 수지침, 이혈침, 봉침, 의료기기 체험장 등
- 스마트폰 어플
  맛집투어, 밥한끼와 토크, 여행, 기타, 피아노 등 모임

※ 조사기관, 봉사단체, 사회단체, 연구소, 심리상담소 등을 개설 및 사칭하여 접근

<신천지 특징> 연락처 파악

- 설문지, 상담지에 적은 번호로 접근
- 핸드폰을 빌려 전화하여 번호를 알아내서 접근
- 교회요람을 이용
- 지인(친구, 선후배)등을 통해 접근

2. 두 번째 단계는 '친분 쌓기'에요.

친분관계 다지기

- 밥, 차, 커피 마시며 대화 나눔(카페, 식당, 가정집)
- 영화, 문화공연 보여주기
- 편지, 선물, 이벤트로 감동주기
- 고민과 관심사 파악(신앙, 진로, 부모, 이성, 입시, 비전, 가정, 경제문제 등)
- 도움주기(신앙, 법률, 진로, 직장, 경제, 이성, 비전, 보험 등)
- 도형상담, 미술치료, 혈액형검사, 애니어그램, 적성검사 등
- 이성적인 접근을 하기도 함

※ 우연을 가장한 만남 등을 통해 다른 사람을 소개시켜 줌.

<신천지 특징> 마음사기

- 설문지, 도형상담지에 적은 정보로 하나님에 대한 관심도를 파악
- 자신의 고민과 걱정, 관심사를 먼저 말하여 전도대상자의 고민과 걱정, 관심사를 말하도록 유도
- 교회, 목사님으로부터 받은 상처를 이야기하거나 기독교계에 대해 비판
- 이성문제, 유학, 직장생활, 군입대 등을 부정적으로 말하며 못하게 유도함
- 만화성경을 빌려주거나 영화(Passion of Christ)를 보여줌

3. 이제 본격적인 성경공부로 들어갑니다.

교사소개 & 성경공부

- **복음방**
  - 전도사님, 목사님, 선교사님, 사모님, 간사님, 성경을 잘 아는 집사님 등으로 소개받아 교육
  - 주 1~4회 소그룹으로 성경공부를 진행
  - 짧게는 2~3주, 길게는 6개월(평균 2~3개월) 공부 후 체계적으로 성경을 배울 수 있는 센터(신학원)을 소개하며 면접을 보게 함
  - 신학원 면접 시 : 주민등록등본(주민등록증 복사), 사진 2매 제출

- **신학원(센터)**
  - 자신을 강사로 소개하는 교육자가 칠판을 놓고 설명
  - 강사는 어느 한 교단에 속하지 않고 초교파적이라고 속임
  - 복사비, 전기세 명목으로 돈(월1~2만원)을 받음
  - 초등 2개월, 중등 2개월, 고등 2개월 총 5~7개월 과정
  - 월, 화, 목, 금 오전반은 10시반~, 저녁반은 7시반~ 약 2시간 수업이 진행
  - 수, 토는 보강 또는 예배
  - 주말반은 토, 일 오후 4시~, 평일 하루 보강
  - 수업시간 전, 후에는 담당전도사가 소그룹으로 모아 복습을 30분 정도 진행하며 쪽지시험도 봄
  - 초등교육과정이 끝나면 시험을 보고, 전과정이 끝나면 수료시험이라 하여 시험을 보게 함

교회 밖 성경공부 하지 마세요

<신천지 특징> 복음방, 신학원(센터)
- 성경공부 교재가 없으며 개역한글 성경만 보게 함
- 주석은 사탄의 교리라 하며 인터넷에서 찾아보지 못하게 함
- 노트필기를 하지 않도록 하거나 하더라도 공부장소에 놔 두도록 함
- 열매(전도)를 맺어야 수료가 되므로 전도할 사람을 찾도록 함

신천지 사기 포교법
캠퍼스·동호회 이용 포교

캠퍼스 - 신입생 도움주기 1

캠퍼스 – 신입생 도움주기 2

캠퍼스 - 새내기클럽운영

캠퍼스 – 신입생 도움주기 3

캠퍼스 – 위장동호회 QT

캠퍼스 - 토익과 영어성경

취미 동호회 - 음악동아리공연

취미 동호회 – 독서클럽

취미 동호회 – 농구 동아리 큐티

취미 동호회 - POP교육

취미 동호회 - 배드민턴

취미 동호회 - 기타 강좌하는 찬양전도사

캠퍼스·동호회 이용 포교 • 39

캠퍼스 - 타로 점

캠퍼스 – 신학생 오빠 설교평가

청년모임 비전성경공부

극단에서의 성경공부

조별팀프로젝트 섭외

TIP 1 신천지는 어떤 단체인가?

　신천지예수교증거장막성전(신천지)의 대표자인 이만희 씨는 1931년 9월 15일 경북 청도군 풍각면에서 태어났다. 1957년부터 10년간 자신을 천상천하의 유일한 하나님이라고 주장하던 전도관 박태선 씨의 신앙촌에 머물렀고 1967년에는 다시 어린 종이라는 유재열 씨의 집회에 참석한 것을 계기로 장막성전에 발을 들여놓는다. 1978년 장막성전에서 영명 '솔로몬'으로 통하던 백만봉 씨를 추종하다가 1984년 3월 14일 자신을 따르는 세력을 규합해 '신천지예수교증거장막성전'을 설립했다. 현재 교세는 13만~14만명에 이르는 것으로 추산된다.

　이만희 교주는 한국교회 주요 교단으로부터 '이단'으로 공식 규정됐다. 예장 통합 총회에서 1995년에 이단으로, 예장 합동은 1995년에 '신학적 비판가치가 없는 집단'으로 그리고 2007년에 이단으로 재규정했다. 이외에도 기독교대한성결교회(1999년), 예장 합신(1999), 고신(2005), 대신(2008년)에서도 이단으로 규정했다. 신천지측은 정통교회를 통째로 신천지화하려는 '산 옮기기', 또한 정통교회에 위장 신도를 보내는 '추수꾼 포교법' 등의 전략으로 정통교회 성도들을 계속해서 미혹하고 있다.

　사이비 신천지는 '예수+비유풀이=새언약'을 믿을 때 구원에 이를 수 있다고 강조한다. 여기에 이만희 교주는 절대적 역할을 한다. 이만희 교주를 만나야 구원을 받고 신천지에 가야 구원을 받을 수 있다고 한다. '이만희 식 비유풀이'로 성경을 해석해야 죄사함도 받을 수 있고 특히 요한계시록을 알아야 구원을 얻을 수 있다고 한다. 교리 중독에 빠진 신도들은 이 땅에서 14만 4천명만 채우면 왕 같은 제사장이 돼 세계를 통치한다는 허황된 생각에 빠져 학업, 직장, 가정을 내팽개치고 사이비 집단에 '올인'하고 있다. 이들에게 '예수는 없다.' 오직 예수의 영을 받았다는 교주 이만희만 있을 뿐이다. 심지어 신천지는 이만희 교주를 만왕의 왕이라고 추앙하기도 한다.

　이만희 교주의 도덕성도 도마위에 올라 있다. 그는 2010년 이후부터 거의 모든 공식석상에 부인 유 모 씨가 아닌 김남희 씨와 동행하고 있다. 현대종교 2013년 11월호에 따르면 이 교주와 김남희 씨는 2013년 여름, 가평에서 신천지 행사나 집회가 없는 날 만나 시간을 함께 보냈다고 한다. 2012년 9월에 열린 신천지측 하늘문화예술체전에선 둘이 왕복을 입고 왕관을 쓴 채 카퍼레이드를 벌였고 2014년 9월 17일 열린 신천지측 행사에서는 김남희 씨가 등장할 때 '만민의 어머니'라는 카드섹션을 벌이기도 했다. 이를 두고 이만희 교주의 사후, 김남희 씨를 중심으로 한 후계 체제 구축을 위해서 벌인 퍼포먼스라는 분석이 나오고 있다.

TIP 2 신천지 급성장의 이유는 무엇인가?

교주 이만희는 84세가 된 노인이다. 그런데도 신천지가 30여년동안 1만배로 폭발적으로 급증한 데는 몇 가지 이유가 있다.

첫째, 핵심을 찌르는 포교다.

신천지는 포교 대상자에 대한 정보를 최대한 수집하고 그에 맞는 맞춤 포교를 한다. 사람의 가장 여리고 약한 요소(어두운 가정사, 경제 문제, 자녀 교육, 부부 문제 등)를 집중적으로 파고들어 그것에 대한 해결책을 제시하는 식으로 다가가는 포교가 한국교회 교인들에게 통하고 있어서다. 특히 이 과정에서 그들은 자신의 신분을 철저하게 위장하는 사기 포교법을 쓴다. 전도사, 선교사, 영적으로 권능을 받은 사람 등 그 위장 방법은 다양하다.

둘째, 사람과 사람간에 맺어지는 기존교회를 뛰어넘는 듯한 끈끈한 관계성을 보여준다.

신천지 소속 신도들은 끈끈한 관계성·친분을 미끼로 접근한다. 신천지로 유입하기 위한 모략에 불과하지만 그런데도 그것이 현장에서 통하는 이유는 그들이 '신장이 필요한 사람'에게는 그것을 떼어서 줄 정도로 모든 것을 내어 주는 희생과 사랑의 정신을 실천하는 것처럼 보이기 때문이다. 사람의 마음을 사로잡기 위해, 그들은 할 수 있는 모든 방법을 동원한다. 즉, 그들 나름대로의 작은 천국의 모형을 제시하고 끈끈한 공동체성, 이상향을 제공한다는 것이다. 물론 내부를 속깊이 들여다보면 가장 부패한 이단·사이비 단체 중 하나에 불과하지만 눈이 가려진 신천지인들에게는 그게 보이지 않을 뿐이다. 그리고 미혹 단계에 있는 사람들에게는 이들의 모습이 새로운 천국처럼 비쳐진다.

셋째, 성경을 알고 싶으나 해소하지 못했던 호기심을 자극하고 그것을 풀어준다

"성경이 봉함된, 암호로 묶여진 진리이기에 성경을 읽어도 뜻을 알 수 없었다. 이제 그걸 창세기부터 요한계시록까지 한방에 뚫어준다"는 해답 제시형 접근이 성도들에게 매력적으로 비쳐지고 있다. 주일학교 교사 한명에게 고민이 있었다. 성경을 읽어도 뜻을

모르겠다는 것이다. 그런데 경기도의 한 지역에 있는 성경공부 단체와 연결이 돼서 성경을 배우기 시작했는데 너무 쉽고 재미있었다. 그들이 이 교사에게 해준 첫 마디가 "지금까지 성경이 어려웠던 이유는 그것이 봉함된 비밀이었기 때문이다"라는 말이었다. 그게 그 교사의 가슴에 확 와닿았다. 이 말이 미끼가 돼 그 교사는 6개월간 신천지 성경공부를 자신도 모르게 했던 적이 있다. 이런 여러 가지 방법이 현장에서 성도들에게 통하고 있다.

84세 노인 이만희를 이 시대의 구세주로 믿는 충격적 현실, 그것도 대다수가 교회를 다녔던 사람들이라는 결말을 목도하는 기괴한 시대를, 우리는 살고 있다.

신천지 사기 포교법

길거리·사업체 위장접근

도형심리상담접근

스피치 평가포교

이벤트 당첨포교 - 커플상담

핸드폰 빌리기

이성교제

사업체 성경공부

QT책 평가단

위장 접근 – 가짜 무속인

위장 접근 - 중보기도

위장 접근 – 병원 간병인

위장접근 – 꿈

TIP 3 이런 내용 배웠다면 신천지

한국기독교이단상담소협회(회장 진용식 목사)가 신천지예수교증거장막성전이 반드시 가르치는 핵심 성경구절 5개를 공개했다. 신천지가 복음방·교육센터에서 가르치는 이들 핵심 구절은 주요 그림 3개·18개 성경공부 주제와 함께 그들의 교리를 지탱하고 있는 것이어서 사전 숙지만 해도 예방 효과를 가져올 수 있다.

협회가 밝힌 핵심 구절은 마태복음 13장 24~35절이다. 신천지는 복음방과 교육센터 초등과정에서 '예수님이 비유가 아니면 아무것도 말씀하지 않으셨다'(34절)며 '비유풀이'라는 것을 가르친다. 비유로 된 말씀 속에 성경의 본래 참뜻, 실체, 실상이 들어있다는 것인데 예언이 성취되는 마지막 실상의 때에 비유가 풀어진다고 세뇌시킨다.

마가복음 4장 13~14절도 신천지가 피해갈 수 없는 구절이다. 신천지는 "뿌리는 자는 말씀을 뿌리는 것"(14절)을 이용해 '하나님의 씨는 하나님의 말씀이므로 비유한 씨의 참뜻은 말씀'이라고 주입시킨다. 신천지는 이 구절을 토대로 하나님의 씨와 사단의 씨가 있다고 구분한다. 하나님의 씨, 말씀의 씨는 나무가 되어 새(하나님의 성령)가 임한다고 가르친다.

이사야서 34장 16절도 빼놓지 않는 구절이다. "제 짝이 없는 것이 없으리니"라는 구절을 내세워 모든 말씀에 짝이 있다고 주장한다. 여기서 추출해낸 일명 '짝 교리'는 사이비 교주를 만드는 교리라고 불리는데 신천지 교리의 '마스터키' 역할을 한다. 이밖에 호세아 4장 6절 "내 백성이 지식이 없으므로 망하는도다"라는 말씀은 신천지 교리를 꼭 배워야 한다는 주장에, 로마서 3장 7절 "나의 거짓말로 하나님의 참되심이 더 풍성하여 그의 영광이 되었다"는 구절은 모략(거짓말 전도)을 정당화할 때 써먹는다[출처 백상현 저, 〈이단사이비, 신천지를 파헤치다〉]

신천지가 강조하는 주요 성경구절

성경구절	주장	목적
마 13:24~35	예수님이 비유로 말씀하셨다	비유풀이 정당화
막 4:13~14	말씀을 뿌린다	'말씀 = 씨앗' 교리 정당화
사 34:16	말씀엔 반드시 짝이 있다	말씀 짝 교리 정당화
호 4:6	성도들이 지식이 없다	신천지 교육 필요성 제기
롬 3:7	거짓말이 하나님을 영광되게 한다	모략(거짓말 전도) 정당화

TIP 4 이런 내용 배웠다면 신천지가 맞습니다!

영의 세계(靈界)

하나님:(善) 천사 = 별 **사단:(惡) 범죄한 천사들 = 떨어진 별**

하나님의 속성
1. 출3:14
   하나님 = 스스로 있는 자(자존자)
2. 요4:24 하나님=영(형체)
3. 창1:1 하나님=창조주

천사들에 대하여
4. 시103:20~22 천군천사=피조물
5. 히1:14
   천사들= 부리는 영
6. 계 5:11
   천사의 수 = 천천만만

사탄의 속성
1. 계 20:2 용= 용 뱀=마귀=사단
2. 창3:1 하나님의 피조물=옛 뱀(사단)

※ 사단 마귀의 정체
3. 사14:12~15
   계명성(별):하늘→땅: 떨어짐
   교만, 욕심, 죄(루시퍼:대적-겔28:15~17)
4. 유다서 1:6
   지위 처소 떠난 천사들→결박:흑암에 떨어짐
5. 계 9:14~16
   범죄한 천사의 수 2만만의 마병대

② 선(善)악(惡) 구분 목자 분별법

▶ 영의 세계는 하나님의 세계와 사단의 세계가 있고, 육의 세계 또한 하나님의 목자(참목자)와 사단의 목자(거짓목자)가 있다.
▶ 요일 4:1,5~6 하나님의 목자와 사단의 목자를 구별하는 법은 하나님께 속한 말(성경)로 설교하면 하나님의 목자, 세상에 속한 말(드라마, 위인 등)로 설교하면 사단의 목자라고 주장한다.
▶ 신천지가 말하는 '성경대로'는 신천지(이만희) 교리를 의미하며, 신천지 교리를 가르치는 이만희를 하나님의 목자(참목자)로, 기성교회 목사님을 사단의 목자(거짓목자)라고 주장한다.

③ 신앙의 3요소 : 지식(知), 믿음(信), 행함(行)

신앙의 3요소는 지식(知), 믿음(信), 행함(行) 이며, 행함없는 믿음은 죽은 믿음이라 하여(약2:17) 믿음만으로는 구원받을 수 없다.
마7:21 신앙인(주여주여하는 자)중에 하나님 뜻대로 행하는 자만 천국간다 주여주여하는 자는 첫째, 교회 다니는 자, 둘째, 예수믿는 교인을 말한다.
딤후 3:13~17 성경은 구원에 이르는 지혜가 있으므로 배우고(지식), 확신한 일(믿음)에 거하라(행함). 즉 알고 믿고 행하는 자가 하나님이 원하시는 구원받는 신앙인(의인)이고 하나님의 사람으로 온전케 된다.
지식, 믿음, 행함으로 구원받는 신천지만 천국이며, 믿음으로 구원받는 기성교회는 지옥이다고 주장한다.
신천지가 말하는 지식, 믿음, 행함은 신천지(이만희) 교리이며, 신천지(이만희)에서 지시한대로 행해야 구원받는다는 뜻이다

④ 두 가지의 씨와 추수

```
    <예언>           <성취>
   렘31:27    ⇒   마13:24~30    ⇒   계14:14~16
  사람의 씨  →  좋은씨 : 예수님의 진리  ┐추수→ 구원(신천지)
  짐승의 씨  →  가라지 : 사단의 비진리  ┘    → 심판(기성교회)
```

▶ 구약(육적 이스라엘=유대인)의 예언이 신약(영적 이스라엘=기독교인)에 성취되고 계시록시대(영적 새 이스라엘=신천지인)에 추수되어 곳간(신천지)에 간다고 주장한다
▶ 신앙세상인 밭(마13:38=기성교회)에 씨인 말씀(눅8:11)이 뿌려지는데, 예수님의 진리인 좋은 씨(신천지 교리)를 받은 자는 하나님의 자녀(요일3:9)로 곳간(신천지)인 천국에 들어가고, 사단의 비진리를 받은 자(신천지를 거부하는 사람)는 마귀의 자녀(요일3:10)로 불살라지는 심판을 받게 된다.

⑤ 비유한 씨, 밭

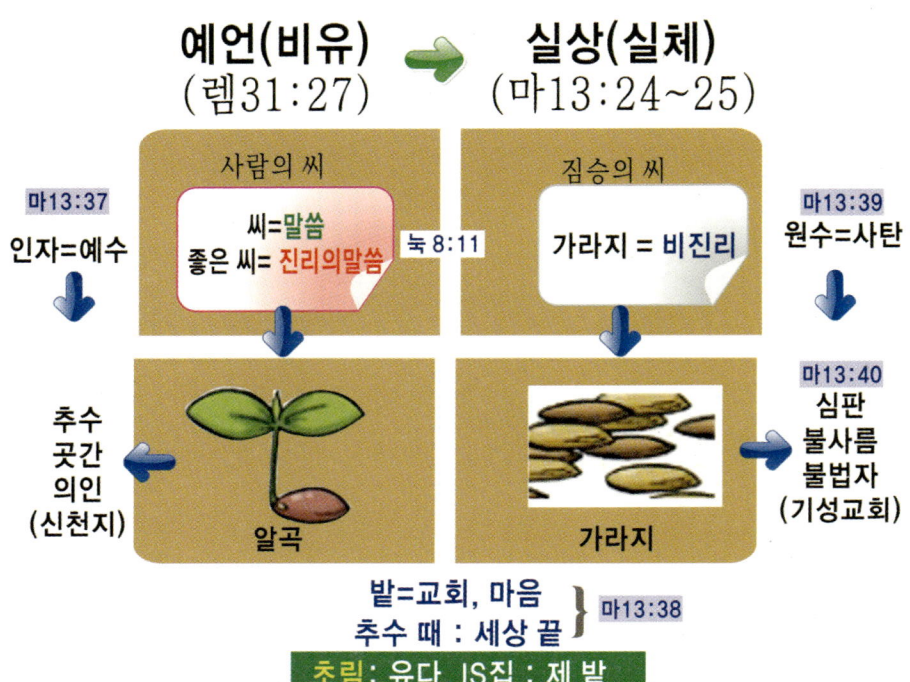

- ▶ 초림 때 구약 예레미야서의 예언(비유)이 마태복음에서 이루어지고 재림 때 실상(신천지와 이만희)이 나타난다고 주장한다.
- ▶ 사람의 씨, 즉 초림때 인자 예수님(요1:13)의 말씀을 듣는 자(좋은씨＝신천지)는 천국으로 추수되며 사단 마귀의 말(짐승의 씨 ＝ 기성교회)을 듣는자(요8:44)는 지옥에 간다고 한다.
- ▶ 재림 때 신천지 말씀이 하나님의 말씀이고, 기성교회 말씀은 사단의 말이다 신천지 신도들이 기성교회에 들어와 추수하고 있기 때문에 신천지에 와야 천국에 간다고 주장한다.
- ▶ 에덴동산의 생명나무(창3:22)는 예수님께서 뿌린 좋은 씨가 자란 나무이며, 선악나무(창2:17)는 사단이 뿌린 가라지가 자란 나무여서 선악과는 사단의 비진리(기성교회)이다.
- ▶ 현재의 생명나무가 있는 곳은 신천지(이만희)이며, 선악과는 기성교회라고 가르친다.

비유한 나무, 새

성령 : 비둘기 = 새

열매 = 성도
잎사귀 = 전도자
가지 = 제자
나무 = 사람
씨 = 말씀

천국

하나님의 씨 = 진리
생명나무 : 참목자
요 15:1-5
초림:예수님 / 재림 : 이만희

악령 : 까마귀

지옥

겨자씨(사단의 씨) = 비진리
선악나무 : 거짓 목자
단 4:20-22
초림:바리새인, 서기관 / 재림 : 기성교회목사

▶ 나무는 목자(사람)를 가리키며 그 목자와 함께하는 가지(제자, 요15:5), 잎사귀(전도자, 계22:2), 열매(성도, 약1:18)에게 성령 또는 영(마3:16)이 임한다고 주장한다.
▶ 하나님의 씨를 가진 생명나무를 신천지 이만희라고 하며 사단의 비진리가 가득한 선악과 나무는 기성교회라고 주장한다.
▶ 하나님이 함께 하는 목자(신천지 이만희)에게 성령(마3:16)이 임하며 사단이 함께 하는 기성교회에는 악령(계18:2)이 임한다고 한다.
▶ 겨자씨를 겨자를 뺀 씨로, 씨는 말씀으로 해석한다.

생명나무와 선악나무의 정체

생명나무
생명과실 =진리
초림:예수님 = 재림 : 이만희
좋은씨=진리

선악나무
선악과 =비진리
초림:바리새인, 서기관 = 재림 : 기성교회목사
가라지=비진리

- 비유한 나무는 사람(사5:7)으로 가르치고, 에덴동산에 있었던 생명나무, 선악나무도 진리를 가진 사람(참목자), 비진리를 가진사람(거짓목자)라고 한다.
- 하나님께서 아담에게 생명나무(참목자)의 생명과실(진리)만 먹으라고 하였고, 선악나무(거짓목자)의 선악과실(비진리)를 먹지말라고 하셨다.
- 선악과(비진리)를 먹은 아담은 육이 죽지 않고 영이 죽었다.
- 예수님 시대(초림)의 생명나무는 예수님, 선악과나무는 서기관과 바리새인이며, 지금 이 시대(재림)의 생명나무는 이만희, 선악과나무는 기성교회 목사님이라고 주장한다.
- 특히, 이단상담소의 말은 선악과이므로 상담소의 말을 들으면 영이 죽기때문에 절대 듣지 말라고 한다.
- 이단상담소를 통해서 또는 여러 가지 이유로 신천지를 떠나는 사람은 선악과를 먹어 영이 죽었고, 배도자, 개, 돼지(벧후2:21~22)라고 한다.
- 이단상담소를 음해한다.
  (금전요구, 감금, 폭행, 정신병원 입원, 자기교회로 전도 등)

⑧ 시대구분

- 영(하나님)은 육(목자, 사람)을 들어 역사한다.(암3:7, 암4:13)
  구약에는 아담, 노아, 아브라함, 모세가, 초림 때에는 예수님이 시대별로 구원자 역할을 했다고 주장하며 이 시대(재림)에도 구원자(이만희)가 있다고 주장한다.
- 구약 때는 육적인 만나, 초림 때에는 영적인 만나(예수님말씀), 재림 때에는 감추인 만나(이만희의 요한계시록과 비유풀이)를 먹어야 한다고 주장한다.
- 아담은 인류의 첫 사람이 아니라 아담 이전에도 사람이 살고 있었고, 하나님의 말씀을 받은 첫 목자이다.(창4:14~17, 창2:24)
- 배도(자)-멸망(자)-구원(자)의 노정순리(살후 2:1~3)가 있다.
- 성경은 역사, 교훈, 예언, 실상으로 나뉘며 예언은 비유로 봉함되어 있다.
- 성경이 봉함되어 비유를 모르는 기성교회는 구원 받을 수 없고, 이만희에게 계시된 말씀(비유)을 아는 신천지만이 구원받을 수 있다고 주장한다.

신천지 사기 포교법

추수꾼 · 위장교회

맨토소개

교회안 추수꾼 – 중등부교사

교회안 추수꾼 – 양육자 연결

위장교회의 양육훈련

위장교회의 도형상담과 성경공부

전도축제 이용한 추수꾼 침투

가짜 이단대처세미나

QT책 인터뷰

QT 모임통한 포교

동창모임의 QT

TIP 5 신천지인이 거짓말하는 이유

신천지의 복음방

복음방은 모략(포교를 목적으로 상대를 속이는 것)으로 끌어들인 정통교회 성도를 교육시키는 가장 기초적 코스다. 신천지는 복음방을 주로 신천지 신도나 수강자 가정, 사업장, 공원, 대학교 강의실, 지하철 휴게소, 북카페, 기성교회에서 운영하는 카페에서 진행한다. 특히 기성교회의 카페를 가장 선호하는 데 이유는 성경공부를 진행하며 정통교회에 속해 있다는 안정적 이미지를 심어주기 위해서다.

신천지가 뻔뻔스럽게 거짓말하는 이유는?

신천지는 자신들을 '하늘의 연극배우'라 칭한다. 포교를 위해 어떤 거짓말도 서슴지 않는 것은 특유의 '모략' 교리 때문이다. 이들은 성경구절(잠 24:6, 사 11:2, 사 28:29)을 제시하며 하나님을 모략과 재능의 신으로 인식하고 있다. 심지어 예수님이 '너희를 보냄이 양을 이리 가운데 보냄과 같다'면서 성경구절(마 7:15, 마 10:16)을 근거로 '뱀같이 지혜롭게 거짓말을 하라. 이리를 잡으려면 이리 옷을 입어야 한다'고 가르친다

신천지가 정통교회를 공략하는 이유

신천지가 비신자를 대상으로 포교하지 않고 정통교회만 공략하는 이유는 마태복음 13장 '알곡과 가라지 비유'를 왜곡한 핵심 교리 때문이다. 신천지는 정통교회를 '씨를 뿌려 놓은 추수밭'으로 인식하고 있으며, '예수님의 명령에 따라 지금이 알곡(성도)을 모아 곳간(신천지교회)을 채울 추수의 때'라고 지속적으로 세뇌시키고 있다. [백상현 저, 〈이단사이비, 신천지를 파헤치다〉 참고].

TIP 6 신천지 접근 및 복음방 체크리스트

성명: 연락처:

1. 성격·행동 유형검사, 미술심리치료, 도형그리기, 우울증·스트레스 테스트, 애니어그램, MBTI 검사, 힐링 스쿨, 각종 설문, 5분 스피치 평가 등에 참여한 적이 있다.	
2. 누군가 나에 대한 꿈을 꾸었다며 신앙이야기를 하며 접근한 적이 있다.	
3. 주변에서 "신앙상담, 신유, 영적능력이 탁월한 사람이 있다"는 제안을 받았다.	
4. 교회 밖에서 성경공부, 큐티모임, 영성훈련 등의 신앙모임을 해보자는 권유를 받았다.	
5. 교회 밖 성경공부를 인도하는 교사가 목사, 전도사, 사모, 신대원생, 간사, 선교사 등이다.	
6. 성경공부 교사가 "성경공부 하는 것을 다른 사람에게 알리지 말라"고 말했다.	
7. 성경공부 교사가 성경 내용을 역사, 교훈, 예언, 성취로 구분했다.	
8. 성경공부 교사가 "성경이 '계시록 시대' 등 8개 시대로 구분되며 반드시 예언을 깨달아야 한다"고 강조했다.	
9. 성경공부 교사가 "죄 사함이 예수를 믿고 비유를 깨달으며 새언약을 지킬 때 가능하다"고 가르쳤다.	
10. 성경공부 교사가 "사단이 성전에 앉아 하나님으로 가장해 신앙인들을 미혹한다"고 말했다.	

11. 성경공부 때 '천국 비밀이 감춰져 있으며 비유로 된 계시의 말씀을 깨달아야 한다'고 배웠다.	
12. 성경공부 교사가 "시대별 예언과 성취가 있으며, 일반교회에서 봉함된 말씀을 계속 배우다간 구원받을 수 없다"고 충고했다.	
13. 성경공부에서 육적 이스라엘, 영적 이스라엘, 영적 새 이스라엘(영적 새 선민)에 대해 배웠다.	
14. 성경공부 교사가 "재림의 때 출현하는 약속의 목자, 이긴자가 있다"고 강조했다.	
15. 성경공부를 시작한 뒤 주일 설교가 잘 들리지 않고 목사님이 거짓목자처럼 느껴진다.	
16. 성경공부 후 현재 다니는 교회가 바벨론교회라는 느낌이 들어 떠나고 싶은 생각이 든다.	

1~4번 문항 중 '예'가 1개 이상이면 신천지 추수꾼이 접근했을 가능성이 크다.
5~16번 문항 중 '예'가 2개 이상이면 신천지 복음방 교육 중인 상황이다.
4개 이상이면 복음방 교육 중반부, 7개 이상이면 복음방 교육 후반부라고 봐도 무방하다.

신천지 사기 포교법
관계전도, 자녀교육

봉사포교 (수능 후 야학)

선교자금 위한 일일찻집

스피치 훈련 빙자

취업 회사내 QT

엄마들의 자녀 양육을 위한 교제

영재 아동 학부모 모임

군인 챙겨주기

유대인학습법 1

유대인학습법 2

신내림

TIP 7 신천지인들은 어떤 특징이 있나?

신천지 입막음 교리

▶ 성경공부하는 것을 주변 사람(부모님, 가족, 친구, 목사님)에 이야기하면 사탄이 방해하거나 시험을 주므로 이야기하면 안된다.
▶ 성경공부가 시작되면 사탄이 주변 사람(부모님, 가족, 친구, 목사님)을 도구로 사용하여 방해할 수 있다.
▶ 공부하는 단계에는 아직 미성숙하므로 몇 개월 후에 공부를 마치고 이야기하면 된다.
▶ 라합도, 바울(롬 3:7)도 거짓말을 하였다.
▶ 야곱도 아버지 이삭과 형 에서를 속여 장자권과 축복권을 빼앗았다.
▶ 눅 8:12 길 가에 있다는 것은 말씀을 들은 자이지만 마귀가 와서 구원을 얻지 못하게 하려고 말씀을 마음에서 빼앗아 가는 것이기 때문에 침묵해야 한다(마 13:19).
▶ 욥 34:3~4 음식을 입이 분별하고 말을 귀가 분별하기 때문에 무엇이 선한지 우리끼리 분별하면 된다.
▶ 인터넷을 보지 못하게 하며 타인으로부터 정보를 얻지 못하도록 한다.

신천지 거짓말

▶ "신천지 신도냐"고 물어보면 "아니다"라고 하고 오히려 신천지를 이단이라고까지 말하며 스스로 비판한다.
▶ "신천지 성경공부냐?"고 물어보면 "아니다"라고 대답한다.
▶ "신천지 및 이만희라는 이름은 신천지에 미혹되기 전에는 나오지 않는다. 보통 센터 4개월~6개월 때 밝힌다.
▶ 신천지 성경공부가 아니며, 목회와 교회를 도와주는 성경공부라고 속인다.
▶ 특정교회로 인도하지 않는 순수한 성경공부라고 속인다.
▶ 삼위일체를 믿는다고 거짓말한다.

TIP 8 신천지인 발견 시 어떻게 대처를 하나?

가족 중 신천지인을 발견했을 때

가족이 신천지인임을 알게 될 경우 대부분의 가족들은 신천지에 빠진 가족을 설득을 해보기도 하고 강압적으로 못 가게 막으려고 한다. 그러다 싸움만 일어나게 되고, 가족간의 상처만 남는다. 하지만 그것은 올바른 해결방법이 아니다.

신천지인은 이단상담소를 가장 무서워하므로 가족이 이단상담소와 연결이 되어있음을 알게 되면 바로 집을 나가는 경우가 대부분이므로 신천지에 빠진 가족에게 알리지 말고 신천지에 안빠진 가족만 이단상담소에 방문하여 먼저 상담을 받는다.

아는 분이 신천지인 상담을 잘 한다며 접근하는 신천지인들이 있을 수 있다. 그러므로 무조건 검증된(한국기독교이단상담소협회, www.jesus114.net) 이단상담소에서 상담을 받는다. 문의전화는 다음과 같다. 수도권(0502-838-1452), 중부권(043-239-4320), 호남권(0505-300-0691), 영남권(051-313-6852).

교회에서 신천지인을 발견했을 때

먼저 교역자에게 의심가는 사람에 대해 이야기를 한다. 그 사람이 신천지인임을 물으면 모든 증거를 다 없애고 오히려 역으로 공격당할 수 있으니 증거를 잡기 전까지는 절대 신천지인으로 의심하고 있다는 것을 알리지 않는다. 교역자분들은 가까운 이단상담소에게 연락하여 문제해결의 방법을 함께 이야기한다.

지인이 신천지인인 경우

먼저는 교역자에게 이야기하고, 지인을 설득하거나 빼내려고 하지 않는다. 자신이 빠지지 않도록 예방교육을 받는다. 그 지인의 가족들 중 신천지인이 있는지 확인해본다. 그 지인의 가족들 중 신천지인이 아닌 가족을 이단상담소와 연결을 시켜준다.

※ 신천지인을 내가 설득하여 신천지에서 빼내려고 하면 문제가 커집니다. 절대 내가 설득하여 해결할수 있는 문제가 아닙니다. 꼭 전문가(이단상담소)와 상의를 하시고 난 후에 행동을 취하셔도 늦지 않습니다.※

신천지 사기 포교법 관계도

잎사귀는 전도대상자를 신천지로 미혹하기 위해 도움을 주는 신천지인들을 말합니다.

이제 마지막으로 신천지 접근 방법을 정리해 볼게요.

이 방법은 아주 전형적인 신천지 방법이에요. 먼저 신천지인 영희가 전도대상자에게 접근해서 친분을 쌓아요. 그 후 영희는 철수를 소개하고 철수는 교사를 소개해요. 이런 관계형성 후 자연스럽게 신천지 성경공부가 시작돼요.

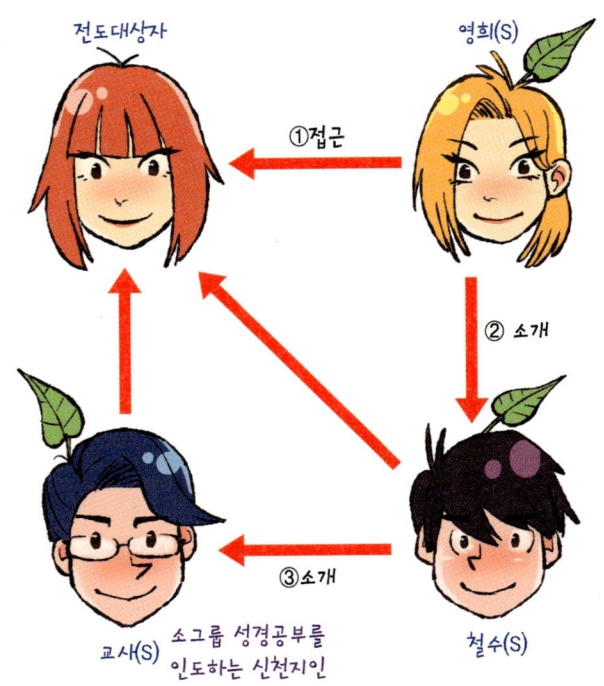

복잡한 형태로 보이죠? 그렇지만 이해하면 간단한 구조라는 것을 알 수 있어요.

신천지인 영희는 전도대상자에게 접근해서 친분을 쌓아요. 그 후 영희가 민수와 철수를 동시에 소개해요. 관계를 형성하고 철수가 자연스레 교사를 소개해요.

이런 관계형성 후 신천지 성경공부가 시작돼요.

이 접근방법은 신천지인 영희가 전도대상자에게 접근해서 친분을 쌓아가는 것이에요.
그 후 영희는 철수를 소개해요. 이때 이전과는 다르게 철수가 민수와 교사를 동시에 소개해요.
이런 관계형성 후 신천지 성경공부가 시작돼요.

자 이제 조금 신천지 접근방법에 익숙해졌나요? 이 접근방법은 어떤 형태인 것 같나요?

신천지인 영희는 전도대상자에게 접근해서 친분을 쌓아요. 그 후 영희가 철수와 교사를 동시에 소개해요. 이들은 자연스럽게 소개하기 위해 교묘한 방법을 이용한답니다.

이런 관계형성 후 신천지 성경공부가 시작돼요.

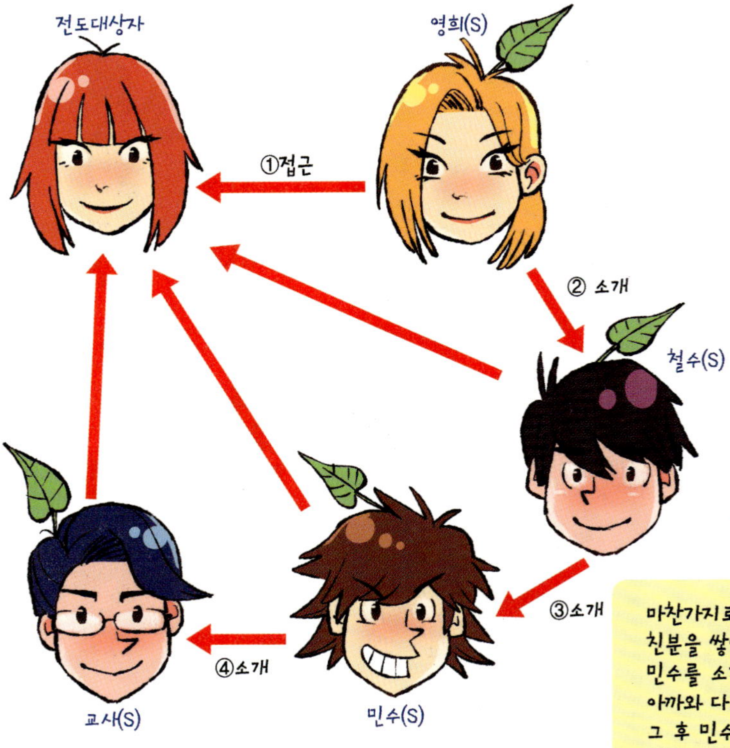

이 방법은 약간 복잡하죠?
하지만 어렵지 않아요!

마찬가지로 신천지인 영희는 전도대상자에게 접근해서 친분을 쌓아요. 그 후 영희는 철수를 소개하고 철수는 민수를 소개해요.
아까와 다르게 한 사람이 더 소개되었어요.
그 후 민수는 교사를 소개하고 관계형성 후 신천지 성경공부가 시작돼요.

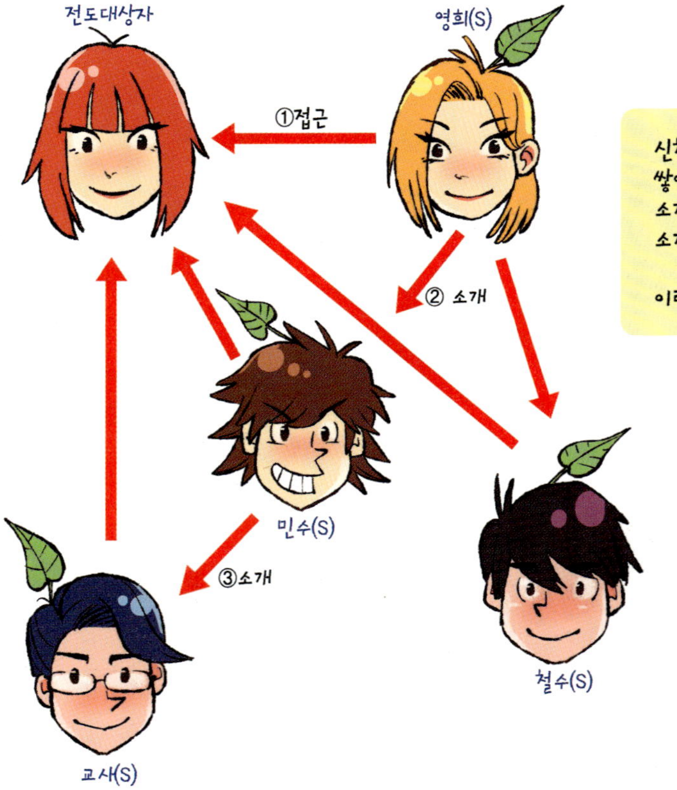

신천지인 영희는 전도대상자에게 접근해서 친분을 쌓아요. 그 후 영희는 민수와 철수를 동시에 소개해요. 이때 이전과 다르게 민수가 교사를 소개하는 형태에요.

이런 관계형성 후 신천지 성경공부가 시작돼요.

102 • 만화로 보는 신천지 사기 포교법

이 접근방법은
아주 새로운 형태라고 할 수 있어요.

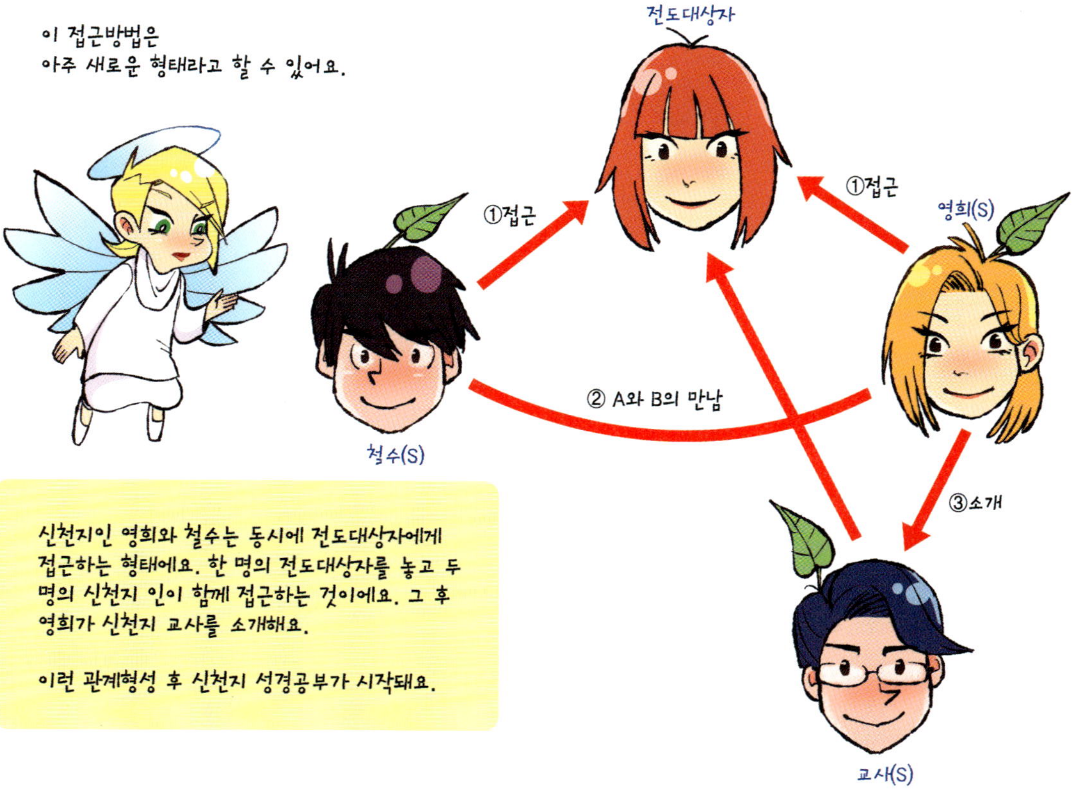

전도대상자

① 접근

철수(S)

② A와 B의 만남

영희(S)

③ 소개

교사(S)

신천지인 영희와 철수는 동시에 전도대상자에게 접근하는 형태에요. 한 명의 전도대상자를 놓고 두 명의 신천지 인이 함께 접근하는 것이에요. 그 후 영희가 신천지 교사를 소개해요.

이런 관계형성 후 신천지 성경공부가 시작돼요.

전도대상자

철수(S) ① 접근 ① 접근 영희(S)

② A와 B의 만남

③ 소개

교사(S)

앞의 형태와 비슷한 형태에요. 신천지인 영희와 철수는 동시에 전도대상자에게 접근해요. 한 명의 전도대상자를 놓고 두 명의 신천지 인이 함께 접근하는 것이에요. 그 후 철수가 신천지 교사를 소개해요.
이런 관계형성 후 신천지 성경공부가 시작돼요. 주의 하세요. 이외에도 신천지는 수없이 많은, 변형된 형태로 접근하니까요.